Nos vemos en el mercado de los granjeros

Lisa Pelto

Ilustrado por
Paula S. Wallace

Traducido por
Debra J. Pelto

A mis hijas, Ellie y Monica, quienes me mostraron cómo ver el mundo por ojos nuevos.

UUn agradecimiento especial a Ellie Godwin, Debra Ozment y Paula Wallace, quienes compartieron su talento extraordinario para hacer posible este libro.

Gracias a Debra Pelto por su apoyo y ánimo continuos, y por compartir su pericia y pasión en dar vida a este libro en español.

Gracias a María Isabel Santiviago y E. Zoe Schutzman por la redacción de la traducción al español.

SECOND EDITION, 2019

Paperback ISBN: 978-1-945505-48-5
Hardcover ISBN: 978-1-945505-49-2
Mobi ISBN: 978-1-945505-50-8
EPUB ISBN: 978-1-945505-51-5

Library of Congress Control Number: 2019939037
Cataloging in Publication data on file with the Publisher.

Reading is Key Publishing es una división de Concierge Marketing Inc.
Para más información, visite a www.conciergemarketing.com.

Ilustraciones por Paula S. Wallace, www.paulawallacefineart.com.

Traducción por Debra J. Pelto, www.accesshealthresearchllc.com

Redacción por E. Zoe Schutzman, www.cloud18productions.com
y María Isabel Santiviago.

Imprimido en los Estados Unidos de América
10 9 8 7 6 5 4 3 2 1

Para todos los granjeros
que nos traen cada
semana productos
frescos de granjas locales.

¡Hola! ¡Mi nombre es
Sofía y tengo siete años!

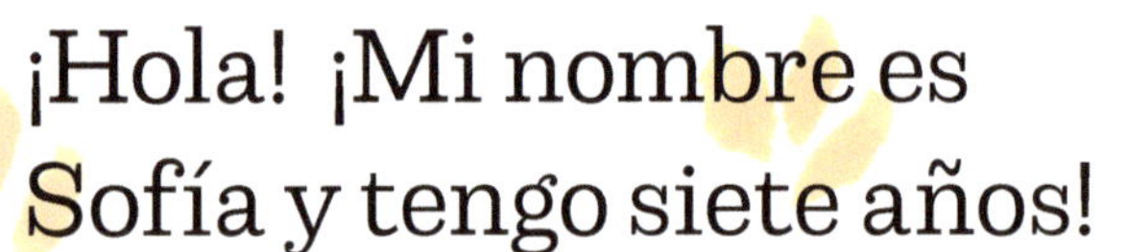

Me encanta el fin de semana,
porque es cuando vamos al
mercado de los granjeros.

—¡Agarra las bolsas de
la compra y vámonos!
— dice mamá.

Hay mucha gente en el mercado de los granjeros. Vienen a comprar productos frescos de granjas locales.

Es mucho más divertido cuando me encuentro con mis amigos.

A mi amiga Eva le encanta cocinar.
A mí me encanta explorar el mercado.
Noé tiene su propia huerta.
Y a Luis tan solo le encanta comer.

¡Mamá dice que somos harina
del mismo costal!

¡La gente trae al mercado perros grandotes, medianos y hasta chiquititos en carritos!

Todos los perros con los que me encuentro son amistosos.

Escuchamos a los músicos
tocar de todo corazón
justo en medio de todo.

Hay mesas colmadas de vegetales recién recogidos y camiones apilados hasta el cielo con maíz dulce.

Compramos vegetales y otras comidas que crecen cerca de nuestro pueblo.

En algunos puestos se venden tocino, carne, huevos y productos lácteos.

Mamá siempre le dice al granjero Daniel:
—Muchas gracias. ¡Los quesos que usted vende son de los más frescos!

El granjero Daniel le dice:
—¡No hay de qué-so, solo de papa! ¡Hasta la próxima semana, señora!

Cuando cambian las estaciones, los granjeros locales traen diferentes clases de vegetales y frutas.

Me gustan los chiles y pimientos coloridos y brillantes.

¡A Luís le encanta comer zanahorias en cualquier estación!

A Eva también le gusta el verano porque las sandías están listas para comer.

Noé dice que el otoño es la mejor estación porque hay calabazas.

¡Todas las semanas vamos al mercado de los granjeros haga o no buen tiempo!

Visitamos los mercados de los granjeros en lugares lejanos cuando vamos de vacaciones.

Es divertido probar comidas que no encontramos en nuestro mercado local de los granjeros. ¡En un viaje hasta probé la pitahaya! Mamá dice que la pitahaya es uno de los árboles frutales que su familia tenía de niña en México.

Violeta, la jardinera, me explica cómo el viento, la lluvia, y el sol ayudan a las frutas y los vegetales a crecer.

La apicultora Anita dice:
—Las abejas producen
la miel que comemos,
y además ayudan a las
plantas a crecer.

Hay muchas meriendas deliciosas – paletas, palitos de miel, limonada, maíz, pan dulce y fruta picada. ¡La comida huele muy rica!

Mamá siempre me pregunta:
—¿Qué te pasa, calabaza?

Yo le contesto:
—Nada, nada, limonada.

Cuando nos cansamos, nos sentamos y
miramos a la gente que pasea.

Me encanta ir al mercado de los granjeros.
¡Espero verte por allí pronto!

Para más información
o para encontrar su mercado local de los granjeros, visite estas páginas web:

www.LocalHarvest.org

www.FarmersMarketCoalition.org

Lisa Pelto ha sido una consultora editorial por más que tres décadas. Fundó Concierge Marketing Publishing Services en 2004, y ha ayudado a cientos de personas alcanzar su sueño de convertirse en autores publicados. Enseña una serie popular de clases sobre escribir y publicar en la universidad comunitaria local, y presenta sus cuentos a niños de primaria. Lisa y su familia disfrutan de explorar y apoyar los mercados de granjeros en Omaha, Nebraska, y dondequiera que viajen.

La artista e ilustradora Paula S. Wallace tiene un estudio en el Hot Shops Art Center en Omaha, Nebraska. Wallace, graduada de la Universidad de Iowa, disfruta de ilustrar para otros autores tanto como escribir e ilustrar sus proprios libros. La obra artística de Wallace ha sido presentada en muchas exhibiciones de galería en los Estados Unidos y en Italia. Su libro Choose Your Days fue la única selección que representó a Nebraska en el Festival Nacional del Libro celebrado en el 2018 en Washington, D.C.